DES PRÉCIEUX AVANTAGES

DE LA LÉGITIMITÉ.

Il est dangereux quelquefois pour une institution d'appeler sur elle les éloges des hommes. S'il en est qui lui donnent des louanges et la présentent accompagnée de tous ses avantages, d'autres se croiront intéressés à en faire une censure amère, et à l'accabler, pour ainsi dire, sous les traits de leur malignité. Oui, une bonne loi, une bonne institution ne sort pas toujours victorieuse d'un nouvel examen, et c'est un résultat de la contrariété des intérêts et des passions que l'on remarque chez les hommes, et qui jette leur esprit, leur jugement, dans une constante incertitude.

Mais telle est l'excellence de la légitimité, qu'elle n'a rien à redouter des regards de personne. Plus on l'examine et plus on apprécie ses bienfaits; plus on la connaît, plus elle vous subjugue et plus on s'y attache. Aussi, Messieurs, pénétrés de ces principes, n'avez-vous pas présenté dans le doute le sujet qui nous occupe. Nous n'avons pas le choix du pour et du contre : mais qu'on ne dise point qu'en cela vous avez méconnu l'indépendance des écrivains! Écrivains vous-mêmes, vous savez toute l'étendue de ces droits dont vous faites un si noble usage ; vous ne gêneriez point l'essor que la pensée veut prendre pour atteindre à la vérité. Seulement, Messieurs, vous avez vu la vérité se montrer ici d'elle-même ; c'est elle qui nous impose l'obligation impérieuse de la suivre : vous n'avez qu'annoncé sa présence.

Je vais donc essayer de répondre à votre appel, heureux si je puis assez modérer l'expression de mon amour pour mon Roi et pour son auguste dynastie, et apporter ainsi dans ce discours le calme qui convient à une matière aussi grave !

Si l'on sépare de la légitimité les biens qui en résultent pour les sujets du prince; si l'on n'y voit plus que la prérogative exclusive d'une famille, d'enchaîner et de tyranniser les peuples, que l'odieux et vain privilége de la force et de l'orgueil, quel homme de lettres, en servile sophiste, viendra louer une institution qui ne devrait son origine qu'à la violence d'une race ambitieuse, ou à la démence, à la stupide admiration des peuples, et sacrifier d'une main idolâtre les droits, les intérêts d'une nation, sur l'autel d'un pouvoir dont l'étendue n'a pas de bornes et dont la durée n'a pas de fin? Vanter une telle institution, lui donner pour appui la subtilité, la perfidie d'un raisonnement trompeur, est le fait d'un esclave : et la bassesse de son discours jamais ne

DES PRÉCIEUX AVANTAGES

DE LA LÉGITIMITÉ,

ou

PARALLÈLE

DE LA MONARCHIE HÉRÉDITAIRE

ET DE LA MONARCHIE ÉLECTIVE.

DISCOURS PRÉSENTÉ À LA SOCIÉTÉ ROYALE DES BONNES-LETTRES,

PAR M. J. B***.

> Notre premier devoir envers nos sujets
> est de conserver, dans leur propre
> intérêt, les droits et les prérogatives
> de notre couronne....
> *Charte constitutionnelle.*

PARIS,

A Guttemberg, inventeur de l'Imprimerie,

CHEZ RENAUDIÈRE, LIBRAIRE-ÉDITEUR,

PLACE DE L'ÉCOLE DE MÉDECINE, N° 3.

1824.

IMPRIMERIE DE P. GUEFFIER,
RUE GUÉNÉGAUD, Nº 31.

flétrira mes lèvres. Mais est-ce donc là la légitimité? Ses ennemis seuls, des hommes turbulens dont l'avarice et l'ambition spéculent sur les malheurs de l'État, pour justifier leurs attaques, peuvent ainsi défigurer ses traits. La légitimité, telle que nous devons ici la concevoir, est bien la cession perpétuelle de la royauté, faite par le peuple à la famille de son Souverain : si au premier abord on ne voit en elle que le fruit de l'irréflexion, qu'un acte de folie de la part des peuples; en méditant un peu, nous jugerons bientôt qu'elle prend sa source dans une connaissance parfaite des intérêts publics; qu'elle est le produit d'une raison supérieure, et qu'elle apporte avec elle des avantages immenses, en ce qu'elle donne au prince les moyens de remplir convenablement sa tâche, et qu'elle assure aux citoyens la garantie de leurs droits.

Pour mieux nous persuader de cette vérité, faisons le tableau d'un empire dont les Rois sont électifs, et nous lui opposerons ensuite celui d'une Monarchie héréditaire.

Dans une Monarchie élective, le prince, s'il n'est pas un de ces hommes de génie que l'on ne voit que de loin en loin dans l'espace immense des siècles, est privé, pour ainsi dire, de tous les moyens de gouverner. Pour lui, les difficultés naissent et croissent de toutes parts. Le retour fréquent de l'élection des Monarques, en imprimant aux peuples un caractère d'indépendance

licencieuse, les rend plus difficiles à conduire.
Ils ont peu de respect pour un chef sorti de
leurs rangs, et qu'ils ont vu naguère leur égal.
L'obéissance leur paraît une honte, la révolte
devient pour eux un sujet de vanité; ils s'excitent
en quelque sorte au mépris de l'autorité. Ils met-
tent en question des droits que leurs suffrages
viennent d'accorder. Plongés dans un égarement
complet, ils ne voient, ils n'entendent plus rien:
la raison leur devient étrangère.

Mais voici que de nouveaux obstacles se présentent, plus difficiles encore à surmonter. Ce
n'est plus une masse oisive de citoyens qui
s'embarrassent par le nombre, dont les actions
précèdent toujours les pensées, qui parlent d'ailleurs bien plus qu'ils n'agissent. Le Prince aura
à dompter des ennemis terribles, ceux qui se
sont opposés à son élévation au trône. Leur haîne
est remplie d'activité; elle les consume, elle les
tourmente tant qu'elle n'est point assouvie. Ils
ont des ressources prodigieuses; ils concertent
des plans, mûrissent des projets, combinent en
secret tous leurs mouvemens, et, dans leurs
assemblées infernales, ils s'étudient au crime et
font long-temps la répétition de leurs com-
plots.

Hé bien! le croirez-vous? au milieu de tant de
traverses le Prince manquera de soutiens : il verra
contre lui ceux même qui l'ont porté à la royauté;
il ne saurait les gouverner. En le décorant du

diadème, ils n'ont cherché dans le chef de l'État ni les talens, ni les vertus qu'exige sa dignité ; mais un homme faible, sans volonté, qui suit en esclave les impulsions qu'on lui donne. Bientôt ils l'entraînent au cours de leurs passions et de leurs intérêts. A force de persécutions ils le jettent dans l'injustice, sinon ils lui arrachent le sceptre dont ils l'avaient armé.

Partout le Monarque élu, de même que s'il était un usurpateur, rencontre des ennemis de sa puissance. Aussi, c'est en usurpateur qu'il essaiera de la défendre. Que les peuples n'attendent pas de lui le bonheur. En a-t-il le loisir? Les événemens l'appliquent tout entier à déjouer les conspirations. Il ne songe qu'à établir sa souveraineté, à essayer ses forces, son pouvoir, en un mot, à régner. Il a tremblé pour sa puissance, il a pu redouter la fureur des peuples : à son tour, usant de funestes représailles, il sèmera partout l'épouvante. Que sont pour lui les droits, la vie de ses sujets? rien, que des obstacles à détruire. La stupeur publique fait seule son repos ; sa force naît de l'effroi qu'il inspire. Il règne par la terreur. Les proscriptions, les supplices sont des jeux de son pouvoir. Du sang, des larmes, des crimes et des malheurs sont les signes affreux de son passage sur le trône. En y montant, loin d'étouffer tous ses ressentimens particuliers, sa haîne s'est agrandie. Elle ne s'étendait que sur des individus, elle enveloppe des classes tout entières ;

et, sans distinction de valeur, de vertu, elle opprime des milliers de victimes.

Tant de maux, Messieurs, ne viennent point d'une férocité naturelle au Prince. Son ambition fait sa barbarie. La soif de l'or le rend sanguinaire ; ses cruautés ne sont que des moyens de satisfaire son avarice. Il se fait abhorrer du peuple, pour avoir le droit de le haïr et de le traiter en ennemi ; il use alors de sa toute-puissance pour s'agrandir lui et les siens, aux dépens de ceux qu'il doit défendre et protéger. La conduite des Rois électifs sera telle qu'on nous peint celle des Consuls et Proconsuls romains, qui exploitaient les impôts des provinces, non au profit de la république, mais au leur ; non pour subvenir aux charges de l'État, mais pour étaler dans Rome même un luxe insultant et se livrer ensuite à la mollesse et aux débauches les plus infâmes. Autant de familles différentes arriveront à l'empire, et autant de gouffres pour engloutir les trésors de l'État, les ressources nationales. Si les Princes électifs jouissent des honneurs suprêmes, ils ne peuvent les transmettre à leur postérité ; ils voudront du moins lui laisser une ombre de royauté ; ils lui légueront des richesses immenses, pour qu'elle puisse disputer de magnificence et d'éclat avec leurs successeurs, et balancer même leur autorité. Où trouver assez d'or pour rassasier l'avidité de ces ambitieux ? Ils dévorent tout, et les fruits de la terre et ceux de l'industrie ; leur grandeur, leur faste plonge les peuples dans la misère, et la pauvreté mène les peuples à la servitude.

Ce ne sont point là les seules calamités que le peuple aura à déplorer. Il en est d'autres dont on ne saurait accuser directement le Prince : les simples citoyens, devenus de petits tyrans, en sont la cause immédiate. Elles sont plus oppressives, en ce qu'étant plus multipliées, elles deviennent plus importunes. Ce sont les déchiremens, les plaies que produisent les divisions intestines, dont la Monarchie élective est essentiellement la source. Comment, en effet, procéder à l'élection des Rois avec cette gravité convenable? Quel moyen de connoître le plus digne de régner, dans une multitude d'hommes presque tous étrangers les uns pour les autres? Cette élection, dans de vastes États, se peut-elle faire autrement que par cabale? Voyez-la rapprocher les intérêts de même nature et les passions semblables. Suivez ces citoyens, ils courent à l'élection du Monarque. Ils n'ont point cet air calme et réfléchi que réclame l'acte important auquel ils se préparent; ils ne cherchent point avec attention et tranquillité celui qui est le plus digne de leur suffrage. Ont-ils besoin de recueillir leurs esprits? leur choix est déjà fait. L'image auguste de la patrie n'est point présente à leur pensée; leur égoïsme va dicter leur vote. Ils portent ce sénateur à l'empire; mais ils se font promettre, l'un, le commandement d'une armée ; l'autre, le gouvernement d'une province ; celui-ci, l'administration de la ville ; et celui-là, la sacrificature suprême. Tous ont une âme vénale. Cette assemblée ne connoît ni la bonne foi ni l'intégrité ; elle est comme le foyer d'un incendie universel. Chaque parti met, à réussir, un acharnement qui dégénère en fureur ; et si quelque âme demeurée loyale et sincère ne met point à sa voix un prix avilissant et pour celui qui l'offre, et pour celui qui le reçoit, on l'obtiendra néanmoins par crainte ou par déception. Et alors quel sort pour l'État, que celui d'être à la merci d'un petit nombre de factieux qui, le poussant, chacun suivant ses caprices, l'agiteront des troubles les plus funestes ! Le Roi même étant proclamé, bien loin de s'apaiser, les partis se rallument plus vivement. La défaite irrite les vaincus. Tous conçoivent de nouveau une aversion mutuelle ; ils conspirent réciproquement à leur perte. La calomnie, les délations, les meurtres même, les moyens les plus vils comme les plus atroces, ils les emploient tous : l'essentiel, pour eux, est d'assouvir leur rage. Chacun soupçonne son voisin, et à son tour inspire la défiance. Il n'est plus de sécurité pour personne. L'ardeur de ces luttes politiques qui désolent tous les citoyens, qui, se glissant dans les familles, sont des fléaux encore plus redoutables, aigrit les caractères, dénature les cœurs, dégrade et pervertit la morale publique, et n'a souvent d'autre terme que la mort de ceux qu'elle embrase. Ainsi

les peuples achètent aux dépens de leur vertu,
de leur bonheur et de leur véritable liberté, la
liberté illusoire de se choisir un Roi. Je dis illusoire ; est-on libre, en effet, si l'on est soumis à
l'influence des factions, et si la constitution élective livre naturellement l'État aux étrangers? Car
les nations voisines se donnent alors beaucoup
d'activité et de mouvement ; elles contribuent à
l'élection royale, plus encore que ceux qui en
ont exclusivement le droit. Leurs députés, qui
se présentent alors au milieu des partis comme
pour les calmer, les rapprocher, ne viennent-ils
point plutôt les trahir tous ensemble et leur imposer pour Roi une créature de leur maître? Ha-
biles dans l'art de feindre, ils savent tous les mys-
tères de l'intrigue, ils vous mèneront perfidement
à leur but ; et si, ayant découvert leur ruse vous re-
jetez leur médiation, bientôt, déchirant le voile
qui les cache, ils n'auront plus aucuns ménage-
mens ; ils couvriront votre patrie de leurs soldats :
avant, ils vous laissaient l'apparence de la liberté ;
ils ne voudront plus que vous soumettre à main
armée. Heureux encore si, parmi vous, des traîtres
qu'ils auront gagnés ne favorisent point, par leurs
trames secrètes, des projets dont l'ennemi pour-
suit ouvertement l'exécution ! C'est là le comble
de l'avilissement et des humiliations qui vous attendent. Vous subirez le joug de l'étranger.

Ce que j'ai dit sur la Monarchie élective ne se
réduit point à des hypothèses purement imagi-

naires. Ce n'est pas que je me sois plu à rembrunir le tableau ; l'histoire offre partout des preuves de son effrayante vérité. Faut-il, Messieurs, rappeler à votre souvenir les malheurs inouis de la Monarchie romaine ; les Princes couronnés par les meurtriers de leurs prédécesseurs, imposés par la force des armes et détrônés avec même violence ; trente Empereurs semblables à Néron, et cent autres à qui il n'eût fallu qu'un long règne et un historien comme Tacite pour avoir l'épouvantable célébrité des Domitien et des Tibère ; presque tous plus cruels, plus inhumains que les tigres déchaînés sur leurs amphithéâtres ? Vous montrerai-je l'État devenu la dépouille du maître, et les revenus d'une Province engloutis dans un de ses festins ? Voyez parmi les patriciens les talents persécutés, l'innocence convaincue de crime, les illustres descendans de ces familles, la gloire et l'ornement de Rome, bannis de leur patrie et jetés au milieu des monstres des déserts ; les autres, esclaves sous la pourpre, tremblans flatteurs d'un tyran soupçonneux, orateurs impudens de son apothéose, dénaturant les lois qu'ils rendent complices de ses crimes. Quel désordre ! Les légions et le peuple toujours divisés d'intérêts, luttent dans l'horreur de la guerre civile ; les villes sont abandonnées au pillage des troupes, et les champs du colon deviennent la proie du soldat : on ne voit que séditions et révoltes continuelles, même sous les règnes si rares des Marc-Aurèle et des Titus. Mais laissons-là cet empire écroulé ; des revers plus récens attirent notre attention ; ils ont des droits à nous toucher : je veux parler de la Pologne, dont les fils généreux et vaillans ont plus d'un trait de ressemblance avec les Français. Encore un Royaume électif, qui s'est anéanti au milieu des convulsions politiques. Ah ! si d'autres peuples voulaient jamais adopter la forme de son gouvernement :

« O vous, leur dirait la Pologne, ô nations qui voyez se succéder en paix la suite heureuse de vos Rois, fuyez, abhorrez la Constitution élective. Quels fruits espérer du vain droit de s'élire un maître ? Eh ! de quoi vous servira-t-il ? Le plus souvent le choix que l'on fait ne laisse que du repentir et des regrets. Il est possible aux hommes de faire des Rois ; mais il ne tient pas à eux de les faire bons ni vertueux : ceux-là sont une faveur céleste qu'il nous faut demander à la Providence. D'ailleurs, nos bons comme nos mauvais Princes n'ont pu régner en repos. Stanislas, ce monarque si vertueux, plus misérable dans la grandeur que nos paysans dans l'esclavage, s'est vu chasser deux fois de son Royaume, et deux fois remplacer par un Prince indolent et timide, que toutes les forces moscovites n'ont pu soustraire à ses infortunes. Nos troubles ouvrirent toujours nos portes à l'étranger. Tour-à-tour, au bruit d'une élection nouvelle, des cohortes nombreuses, débordées de la Suède, des rives de la Newa ou de celles du Danube, ont inondé mon territoire ; ils ont porté la guerre dans mes champs; ils m'ont enfin ruinée déchirée, ils se sont partagé mes lambeaux. J'ai pu choisir mes Rois ; mais aujourd'hui je n'en choisirai plus. La Pologne à jamais est éteinte ! »

Bien différente de la Monarchie élective, la Monarchie héréditaire, la légitimité, est pour les peuples une source féconde de biens, et un de ses avantages les plus considérables est de nous garantir de tous les maux du premier mode de gouvernement. Elle fait naître entre les princes et leurs sujets l'harmonie et la confiance si salutaires. Elle est le bon génie qui protège à la fois les grands et les petits dans une nation. Elle assure à tous la paix et l'indépendance. Elle est l'écueil où viennent expirer toutes les haînes et tous les élémens de la discorde. En quelque sens que s'agitent les différentes forces de l'État, elle est une force plus grande qui les tient toutes en équilibre. Elle détruit les rivalités les plus dangereuses pour la patrie, en plaçant le pouvoir suprême dans la même famille. Elle unit ainsi, elle confond ensemble tous les citoyens, et les entraîne tous dans l'action d'un même mouvement, qu'elle leur donne pour la gloire et la prospérité générale. Elle est comme un cèdre superbe, qui, dominant au loin sur le Liban, étend sur tout ce qui l'entoure ses rameaux tutélaires, nous offre un abri tranquille sous son ombrage, et nous défend de la tempête.

La légitimité renferme en elle tout ce qui peut améliorer les princes. Si l'imperfection n'était

point un attribut inséparable de l'espèce humaine, les Princes des États héréditaires n'au-
raient point d'occasion de mal faire. La légitimité
semble les mettre dans cette impossibilité; les
Princes, comme le reste des hommes, poursuivent le bonheur qui fait toute notre ambition, et
cette ambition les égare et souvent les porte à
des excès honteux. Hé bien, la légitimité écarte
d'eux les tourmens et les soins, et les arrête dans
leurs crimes. Elle les satisfait par toutes les con-
cessions qui ne sont point contraires à l'hon-
nêteté. En effet, quels sont les biens d'ici-bas qui
peuvent flatter le plus nos désirs? Le pouvoir?
Celui du prince héréditaire n'a de bornes que la
justice; il fait des lois nouvelles, abroge les an-
ciennes; il déclare la guerre et la paix; il com-
mande, et il est obéi, et, comme la fortune, il ré-
pand les grâces et les faveurs. Des honneurs? Il est,
pour ainsi dire, l'objet du culte de ses sujets; des
triomphes et des acclamations d'allégresse accom-
pagnent ses pas; même dans son enfance, les
sages, les héros écoutent ses paroles comme des
oracles, et les vieillards s'inclinent devant lui.
Des richesses? Pour lui les peintres et les statuaires
enfantent des chefs-d'œuvre ; des palais magnifi-
ques s'élèvent jusqu'aux cieux; l'or va remplir
ses coffres de tous les points de son royaume, et
ses armées, revenant victorieuses, déposent à ses
pieds les dépouilles opimes. La durée de tous ces
avantages? Les lois pour lui et pour les siens lui
en assurent la perpétuité. Ainsi, le Prince héré-

ditaire n'a point de souhaits à former ; en fait de
biens de ce monde, il les possède tous. Les jouis-
sances vont le chercher en foule ; il n'a pas
besoin de penser à se les procurer, tout un
peuple y songe pour lui. Le prince héréditaire n'a
donc point d'intérêt à s'écarter de ses devoirs.
La légitimité a dépouillé pour lui le mal de tous
ses attraits, ou du moins les a rendus inutiles.
Les occasions pernicieuses fourmillent à ses côtés,
j'en conviens ; mais personne n'a moins sujet de
s'y livrer ; mais entre les princes électifs, aucun,
autant que lui, n'a les moyens de s'y soustraire.
On peut dire qu'il naît essentiellement bon, que
la vertu lui est plus facile qu'au reste des hommes.
Si, comme on le voit souvent, il devient mauvais, qu'on ne s'en prenne point à la légitimité,
en disant qu'elle lui a concédé tous les avantages, et qu'elle ne s'en est pas réservé un seul
pour le stimuler. Il eût été de même et pire encore sur un trône électif, incapable de combler
tous ses désirs. S'il s'est éloigné des bonnes voies,
la faute en est au mal, aux inclinations vicieuses,
qui partout suivent l'homme, s'attachent à ses
pas, et se montrent presque toujours lorsqu'on a
le moins de raison de les soupçonner. Voulez-
vous une stabilité bienfaisante dans vos institutions, veuillez la stabilité des Rois et de leur
dynastie ; car le prince évitera, dans son propre
intérêt, d'ébranler l'édifice de la législation, de
peur, en exerçant ainsi l'inconstance des peuples,
en abandonnant à leur profanation ce qui la veille

était sacré pour eux, de leur apprendre à dé-
placer trop facilement leur respect et leur amour,
et de devenir lui-même, ainsi que les lois qu'il renverse, la victime du caprice et l'objet du mépris.

La Légitimité renverse tous les obstacles
qui s'opposent à la puissance des Rois, elle admet
tout ce qui tend à l'affermir, à la consolider ;
le Prince désormais n'a donc plus qu'à gouverner
ses Peuples. Il n'est plus un simple individu ; il
n'est pas uniquement le premier citoyen de son
Royaume. L'État et lui se confondent ; la nation
le suit en tous lieux ; il est à lui seul la patrie
toute entière ; c'est à elle que toutes ses veilles
sont consacrées ; il doit sentir ses besoins, chercher son bonheur, sa prospérité ; améliorer de
plus en plus son existence ; en un mot, remplir
envers elle les fonctions de l'âme envers le corps ;
et c'est pour cela, Messieurs, que servir son Roi,
c'est servir son pays, et que la proposition réci-
proque est encore vraie, parce qu'en se rendant
utile à la société on contribue au bien général,
que le Prince est chargé d'établir, et qu'ainsi l'on
augmente sa gloire personnelle.

La Légitimité ne se borne point à imposer aux
Princes de grands et importans devoirs, elle en
rend encore l'accomplissement agréable, et le
remplit de charme et de douceur ; elle inspire aux
peuples une prévenance qui ne manque point
d'attendrir, d'émouvoir délicieusement les Princes,
et de passionner leur âme pour tout ce qu'il y a de

beau , de généreux et de sublime. Par exemple , quels précieux effets ne pas attendre de ces réjouissances publiques , de cette joie vive et franche , pleine et entière, dont s'enivre le peuple à la naissance de ses Rois ? Les jours, abandonnant la terre , ne voient point finir ses plaisirs ; les nuits brillantes de clarté, s'illuminent pour éclairer ses fêtes. Continuez, peuples, continuez ces ravissans transports de votre amour ; vous jetez les semences d'un règne glorieux et prospère ; l'effusion heureuse de vos sentimens est, pour le jeune Prince, ce qu'est, pour un enfant , le doux sourire de sa mère, un gage de bonheur et une impulsion vers la vertu. Vos espérances ne seront point trompées ; non, ce Prince tant fêté ne fera point couler vos larmes.

Quels avantages pour les peuples , que leurs Princes trouvent dans l'amour du bien une pente naturelle à la justice ! Eh bien ! comme si ces heureuses dispositions pouvaient facilement s'affaiblir, la Légitimité vient les renforcer par des moyens nouveaux. Elle intéresse à bien agir l'amour-propre des Rois ; elle enflamme leur émulation ; elle leur oppose sans cesse la conduite et les actions de leurs ancêtres : dès-lors ils s'attachent de plus en plus à améliorer la condition de leurs sujets ; ils fondent à l'envi des institutions salutaires , poursuivent les projets utiles que leurs prédécesseurs n'auront pu terminer, et travaillent enfin sans relâche à la félicité publique. Aussi ,

pour être Roi de Lacédémone il fallait être issu
du sang d'Hercule. Les législateurs de cette cité
florissante avaient sans doute pensé que les chefs
d'un État ne doivent point suivre des modèles
obscurs ; que chez les Princes tout doit être
éclatant comme le titre dont ils sont revêtus ; et
qu'être né des Héros et des Rois, impose l'obligation d'atteindre à leur hauteur, inspire même le
désir de les surpasser.

Il ne suffit pas que les Princes reçoivent de la nature des inclinations bienfaisantes , il ne suffit pas
encore que la Légitimité détruise, pour eux, tout
l'intérêt, tout le charme que nous présente ordi-
nairement le mal paré de formes séduisantes,
qu'il leur rende la vertu plus chère et plus aimable ;
il est nécessaire aussi qu'ils soient élevés dans cette
idée, qu'ils doivent un jour commander au reste
des hommes, afin qu'ils s'habituent de bonne heure
à chercher le niveau de leur destinée ; car l'homme
semble né pour obéir , et non pour commander.
Sa faiblesse le porte naturellement à la soumis-
sion ; il fléchit à chaque instant devant ses besoins,
qui le pressent, dont il sent intimement la cause,
et qu'il connaît sans autre lumière que celle de
son instinct. Mais il est une autre espèce de
besoins , je veux dire ceux de la société : ils ne
sont pas moins réels que les premiers ; cependant
la multitude des hommes ne s'en doute pas , ou
plutôt elle ne les ressent que lorsqu'il n'est plus
temps d'y pourvoir, que lorsqu'il y a dépérisse-
ment, destruction de l'une des parties de la cons-

titution sociale ; il lui faut quelqu'un qui soit comme l'organe qu'affecteront immédiatement ses besoins, et qui devra les satisfaire : et celui-ci, pour les connaître, en apprécier l'urgence et en prévoir le retour, sera forcé d'en faire une étude toute spéciale, de les examiner comme l'objet de ses plus profondes méditations. Si donc le Prince est habile à les prévenir ; si, pesant les droits et les intérêts divers, il ne sort point des bornes de la justice ; s'il a toute la prudence nécessaire pour la direction de son Royaume, c'est que, dès son jeune âge, des mains savantes lui auront tracé les chemins qu'il parcourt ; c'est qu'il aura été initié dans l'art de gouverner, dans les secrets du commandement. Cette éducation si fructueuse de nos Princes, à qui la devons-nous, si ce n'est à la Monarchie héréditaire ?

De plus, la succession au trône dans une même famille environne la Royauté de certain prestige qui la fait aimer et respecter, et grave à notre insçu même ces pieux sentimens dans nos âmes. A mesure que l'origine de nos Rois devient plus ancienne, il semble que nous ayons plus de vénération pour eux. Accoutumés que nous sommes à voir tout changer et périr autour de nous, ce qui traverse une longue série de siècles sans rien souffrir de l'altération des temps, nous paraît armé d'une force et d'une grandeur qu'il n'appartient pas à l'homme de détruire. Aussi les peuples s'attachent à la légitimité comme à l'appui impérissable qui doit les soutenir et protéger leur faiblesse. Naguères l'Espagne, défendant la cause sainte de ses Rois, a éprouvé combien la légitimité donne de force et d'énergie aux peuples les moins capables de résister ; bien que dans un état de misère, elle a soutenu avec un succès miraculeux les chocs les plus formidables, et dévoré les phalanges intrépides du conquérant de l'Europe entière. En effet, l'on comprend quelle puissance invincible doit former le concours des efforts de tous les citoyens qui se pressent vers un centre fixe et inébranlable. La légitimité seule peut produire cette admirable union : hors d'elle il n'y a que division et faiblesse.

Si la Monarchie élective semble révéler aux hommes leur dignité, en leur donnant le privilége de couronner un chef qui reçoit d'eux la toute-puissance humaine, la Monarchie héréditaire, sans les bercer de ces vaines idées de leur grandeur, les élève réellement davantage par les épreuves fréquentes de patriotisme et de magnanimité auxquelles elle les soumet. L'une les flatte, les enivre d'un dangereux et déplorable orgueil ; l'autre, plus fondée sur les principes conservateurs de la société, ne leur montre que le devoir. Et quelle différence dans leurs effets ! Là, les hommes éblouis de la magnificence de leurs droits, les exagèrent et en abusent ; ils troublent l'État de leurs querelles ; ils attaquent, et pourtant ils se plaignent ; toujours rebelles, ils sont toujours esclaves : ici ils sont tout préoccupés de leurs devoirs, qui, il le faut avouer, ne présentent aucun abus. Ils y sont portés par tout ce que l'honneur a de plus excitant. Prêts aux plus grands sacrifices , ils sont pleins du détachement d'eux-mêmes. Ils sont tout au Prince, à la patrie ; ils sont forts parce qu'ils sont sages ; ils ne marchent qu'à la vertu , et c'est là qu'ils rencontrent leur véritable liberté : car la vertu est tellement révérée , que ses droits sont partout reconnus. Ainsi la Légitimité , loin de diminuer nos prérogatives , nous en garantit la jouissance ; loin d'avilir notre caractère , elle agrandit nos sentimens ; elle respire enfin le patriotisme le plus pur et le plus vrai : c'est ici que la politique s'élève à toute la sublimité de la morale.

Presque tous les peuples se sont réfugiés sous son empire. Les Anciens et les Modernes ont recherché ses bienfaits ; ils ont trouvé le bonheur avec elle. Mais , au contraire, qu'ils furent malheureux quand ils osèrent lui porter atteinte ! La France particulièrement en a fait la cruelle expérience. Elle garde encore le souvenir de ces jours désastreux , jours de douleurs et de larmes , où les passions démagogiques , déchaînant leur fureur , sacrifièrent à la liberté , avec l'auguste sang de nos Rois , d'épouvantables hécatombes.

Ah ! qu'ils abjurent donc leurs pernicieuses doctrines , les ennemis de la Légitimité ! En la frappant, croiraient-ils ne détruire que des préjugés ? Ils enlèvent à la patrie son salut et son soutien ; ils l'asservissent au lieu de la délivrer ; ils la corrompent , ils la dégradent en voulant l'ennoblir ; ils tourmentent dans d'affreuses secousses son repos et sa tranquillité ; ils renversent ses lois et la justice ; ils sont les fauteurs de sa ruine et la précipitent dans les abîmes de l'anarchie. Que ne prennent-ils et le fer et la flamme ? Mais non, les incendies dans leurs ravages l'auraient-ils sitôt désolée ?

Mais je m'oublie, Messieurs, où m'entraîne mon ardeur ? Je défends la légitimité ! et en quel temps et en quel lieu ? S'agit-il de la défendre quand un Prince magnanime, à la tête de nos braves guerriers, vient de la tirer triomphante du sein de la rebellion ? S'agit-il de la défendre dans le sanctuaire même de la fidélité, où se trouvent assemblés, comme pour conserver à la nation la pureté de son caractère, tout ce que les lettres, les armes et les premiers corps de l'État possèdent à-la-fois et d'illustre et de dévoué à la monarchie ? Célébrons plutôt par nos fêtes l'anni-versaire de ce jour fortuné où la légitimité, notre bien-aimé Monarque, furent rendus aux désirs des Français. A cette seule idée je sens renaître en moi l'enthousiasme de cette journée prospère. Quelle nation, Messieurs, plus que nous, peut se féliciter des avantages de la Monarchie héréditaire ? Élevons nos regards vers tous les trônes de l'univers : lequel nous présentera une race plus glorieuse et plus fé-conde en héros que l'antique Maison de Bourbon ? Quelle race de Rois a répandu plus de bienfaits sur les peuples, et s'est montrée plus digne de leur vénération ? Heureuse la France d'avoir vécu sous leur empire, elle fut protégée du Très-Haut! Ce ne sont point les Rois qui ont régné sur elle; ce sont les vertus elles-mêmes; ce n'est plus Louis IX, c'est la douce, la tendre piété, rendant aux peuples la justice sous les chênes heureux de Vincennes; ce n'est plus Louis XII, c'est la tendresse paternelle que Dieu prodigue à ses enfans. François Ier., c'est la bravoure, l'honneur, la loyauté chevaleresque; le bon Henri, la bienfaisance, qui pardonne et qui nourrit ses ennemis; le grand Roi, c'est la gloire dans son éclat et dans sa majesté, qui fait éclore tous les génies, et leur dispense des couronnes. Ainsi, que la Légitimité soit comme un autre feu sacré; qu'il brûle pour ne jamais s'éteindre, puisqu'il ne brûlera que pour le bonheur des nations! Vivez autant que vos peuples, augustes descendans de Saint-Louis. Puissent nos Pontifes ne répandre jamais l'huile sainte sur d'autres fronts que sur les vôtres! Et vous, jeune Lys, Prince orphelin, jetez des rameaux fertiles. Je ne vous souhaite ni les vertus ni le courage, les Princes et les Princesses dont vous descendez vous les transmettront avec le trône: que dis-je? vous les avez reçus avec leur sang. Comme eux vous serez affable et clément; comme eux, si vous faites la guerre, elle aura les avantages de la paix: vous serez humain et généreux. Mes vœux se bornent à vous voir à jamais entouré de braves et fidèles serviteurs!

FIN.